Jo-Jo

Lesebuch 3

Arbeitsheft
Lesestrategien

Erarbeitet von
Martin Wörner

Unter Mitwirkung von
Katja Eder, Tanja Glatz, Erna Hattendorf

Cornelsen

Gleiche Wörter und Wortteile erkennen

① Suche die Wörter im Wörterteppich. Schreibe auf,
wie oft du sie gefunden hast.

BrillefbaSdHundfihGBleistiftBlafglTaschenlampekVogLaFotoiLst
KlavHandymiPolizeiDrkaHundBrillesofKjSchreibheftNajAFotokl
PolizeiaTaschenlampeztkOlmBleistiftdaSchreibheftunHoFotomo
ObsatkKlimNghilSchreibheftjIgfrezHundmiwzKilakfTaschenlampe

Brille: 2   Hund: 3   Bleistift: 2   Schreibheft: 2

Taschenlampe: 3   Foto: 3   Handy: 1   Polizei: 2

② Unterstreiche die Wörter, in denen du ei , ie , ch und ck findest.

Der miese Gauner Dietrich Dreck heckt wieder einen Einbruch aus.

Im Laden von Juwelier Meise lockt ihn ein feines Stück:

eine Armbanduhr mit vielen Edelsteinen! Wie leuchten da

Drecks Augen, mit den echten Steinen wird er

reich sein! Nachts knackt der Dieb

die Ladentür mit einem Ruck auf.

Doch er hat nicht mit Meises wachsamem Hündchen

gerechnet. Das Biest beißt ihn ins Bein! Danach ist es

für die Polizei leicht, den Dieb zu packen.

3 Lies den Text. Markiere alle schn , schl , schw , schr .

Auf der Spur

Unter seinem schwarzen Hut ist Detektiv Schnurr ganz verschwitzt.

Er muss einen schwierigen Fall lösen. Holger Schmalz vermisst

eine wertvolle, mit Gold beschlagene Uhr. Der Schreibtisch,

auf dem sie lag, ist leer. Schnurr hat keine Fingerabdrücke gefunden.

5 Und auch sein Hund Schlappohr hat nichts erschnüffelt.

Merkwürdig!

Der Detektiv denkt noch einmal scharf nach:

Die Haustür war abgeschlossen, es gibt

keine Einbruchspuren, und nichts anderes fehlt.

10 Selbst der Geldschrank ist unversehrt.

Wie kann das sein? Entschlossen betrachtet

Schnurr mit einer Lupe noch einmal

die Fotos des Tatorts.

Da weiß er plötzlich, wo die Uhr zu finden ist.

4 Schreibe die Antworten auf.

Wie oft steht der Name „Schnurr" im Text? _____3_____ -mal

In welcher Zeile stehen diese Wörter?

Fingerabdrücke: Zeile _4_   verschwitzt: Zeile _1_

Gold: Zeile _3_   Schlappohr: Zeile _5_   Geldschrank: Zeile _10_

Wer hat die Uhr gestohlen? _Der Vogel_

Verstehen von Zusammenhängen: Hypothesen bilden

(1) Wie kann es weitergehen?
Kreuze die passenden Fortsetzungen an.

Heute Nachmittag gehen wir in den Z⭐⭐,

☒ ich freue mich schon auf die Akrobaten.

☐ ich mag Fußball so.

Ein berühmter Z⭐⭐erer tritt im Zirkus auf.

☐ Seine Clownsnase ist rot.

☒ Er lässt Tiere verschwinden.

(2) Wie kann es weitergehen?
Kreuze **alle** passenden Fortsetzungen an.

Der Zauberer hält einen kleinen Käfig hoch
und wirft ein T⭐⭐ darüber.

☒ Er zieht das Tuch weg, da hockt ein Huhn im Käfig.

☐ Als er das Tuch wegzieht, sitzt ein riesiger Löwe im Käfig.

Aus seinem Zylinder zaubert er drei weiße K⭐⭐chen hervor.

☒ Es hüpft ganz aufgeregt in der Manege herum.

☐ Er setzt sich den Zylinder wieder auf den Kopf.

Der Zauberer verbeugt sich, und die Zu⭐⭐ klatschen.

☒ Er winkt den Zuschauern zu.

☒ Nach dem Auftritt verschwinden sie hinter dem Vorhang.

☐ Da gibt der Zauberer noch eine Zugabe. _vielleicht_

Leseübungen

(3) Wie kann es weitergehen?
Kreuze **alle** passenden Fortsetzungen an.

Ein Mädchen soll in eine große Ki★★ klettern.
Dann sticht der Zauberer zwei Schwerter in die K★★.

☐ Die Zuschauer haben Angst um das Mädchen.

☒ Die Zuschauer haben Angst um die Mädchen.

☐ Sie öffnet die Kisten wieder: Sie ist leer,
  nur die Schwerter stecken darin!

☐ Er öffnet die Kiste wieder: Sie ist leer,
  nur die Schwerter stecken darin!

Der Zauberer schwingt den Z★★st★★.
Dann zieht er die Schwerter mit einem Ruck heraus.

☐ Jetzt springen auf einmal zwei Mädchen aus der Kiste.

☐ Jetzt springt plötzlich ein Hund aus den Kisten.

☐ Der Trick ist gelungen, und sie verbeugen sich.

☐ Die Tricks sind gelungen, und er verbeugt sich.

Am Ende der Vor★★ gibt es einen lauten Kn★★,
und Rauch quillt in die Manege.

☐ Als die sich verzieht, ist der Zauberer verschwunden.

☐ Als der sich verzieht, ist der Zauberer verschwunden.

☐ Die Zuschauer jubeln begeistert und riefen „Bravo".

☐ Die Zuschauer jubeln begeistert und rufen „Bravo".

Texte besser verstehen:
Überschriften und Bilder nutzen

- Lies zuerst die Überschrift.
- Schau dir die Bilder an.
- Vermute, worum es in dem Text geht.

1 Worum könnte es in dem Text gehen? Schreibe deine Vermutung auf.

2 Hier haben andere Kinder vermutet, worum es geht. Welche Vermutungen passen? Male die Sprechblasen an.

Leo

Imre

Greta

Herta

Lesestrategien

3 Worum könnte es in dem Text gehen? Schreibe deine Vermutung auf.

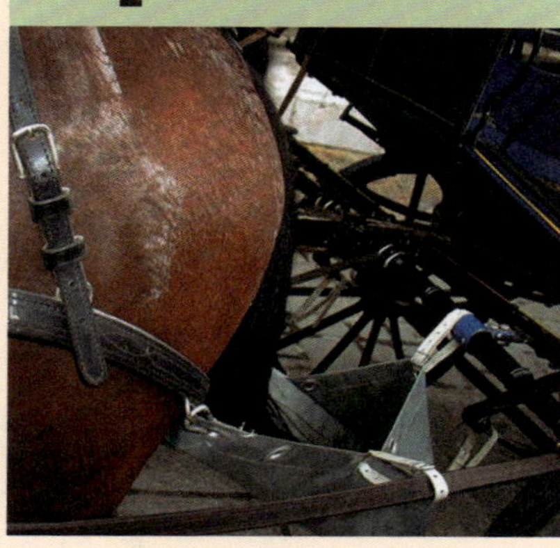

Apfeltaschen

4 Welche Informationen erhältst du durch das **Bild und die Überschrift**?
Welche Informationen erhältst du nur durch **den Text**? Markiere farbig.

Darf denn jeder seine Äpfel herumliegen lassen? Wenn Pferde ihre Äpfel fallen lassen, macht das nicht so viel aus. Es gibt nicht mehr so viele Pferde und Pferdekot ist schließlich nicht so eklig wie die Haufen, die viele Hunde jeden Tag in den Straßen hinterlassen. Aber in manchen großen Städten, wie Wien, Salzburg oder Rom, sind viele Besucher gerne in Pferdekutschen unterwegs. Und wo viele Pferde sind, da ist auch viel Pferdemist!

Deshalb müssen die Kutscher dafür sorgen, dass die Pferdeäpfel nicht auf der Straße landen. In manchen Städten müssen Kutscher die Pferdeäpfel beseitigen. Es gibt spezielle Taschen, die die Pferdeäpfel auffangen. Die Äpfel fallen von oben in die Taschen hinein. In den großen Städten fahren vor allem die Touristen mit den Kutschen.

Texte besser verstehen:
sich einen Überblick verschaffen

- Verschaffe dir einen Überblick über den Text.
- Schau dir die Bilder an.
- Vermute, worum es in dem Text geht.

(1) Lies Sätze vom Anfang, von der Mitte und vom Ende des Textes.
Worum geht es? Kreuze an.

☐ Experimente mit Brausepulver

☐ Die Herstellung von Kakao

☐ Rezepte aus grünen Bohnen

☐ Baumblüten

Ein leckeres Pulver

Woher kommt das Kakaopulver für den Kakao?
Kakaopulver wird aus den Samen
des Kakaobaumes gemacht. Diese Bäume
wachsen nur in Ländern, in denen es sehr warm
und feucht ist. Solche Länder findet man
rings um den Äquator, zum Beispiel
in Südamerika oder Afrika.

An sich schmecken die Kakaosamen
gar nicht gut. Sie sind sogar richtig bitter.
Diese Samen, man nennt sie auch Bohnen,
stecken im Fruchtfleisch der Kakaofrüchte.
Die Bohnen werden getrocknet, geschält,
geröstet und gemahlen.

Dann kommt noch Zucker dazu. Fertig ist
das Kakaopulver, aus dem du zu Hause mit Milch
oder Wasser deinen Kakao machen kannst!

Lesestrategien

② Lies Sätze vom Anfang, aus der Mitte und vom Ende des Textes.
Schreibe auf, welche Informationen du erfahren hast.

③ Welche Fragen kannst du beantworten, wenn du nur
die Sätze vom Anfang, aus der Mitte und vom Ende liest?
Für welche Fragen musst du den Text ganz lesen?
Kreuze jeweils in der richtigen Spalte an.

	Überblick verschaffen	ganz lesen
Wie schmecken die Baumsamen?		
Wie wird Kakaopulver hergestellt?		
Was passiert mit den Bohnen?		
Welche Zutaten brauchst du für Kakao?		

Texte besser verstehen: wiederholtes Lesen

- Wenn du etwas nicht verstanden hast,
  lies den Abschnitt oder den ganzen Text noch einmal.

(1) Verbinde jedes Mädchen mit seinem Haustier.

Sophie, Emily und Amanda lieben Tiere. Jede von ihnen hat ein Haustier.
Zusammen sind das ein Wellensittich, ein Hamster und ein Kaninchen.
Lucas möchte wissen, wem welches Tier gehört. Aber die drei Freundinnen
machen es ihm nicht leicht.

(2) Lies den Text. Markiere die Stellen, die dir beim Lösen der Aufgabe helfen.

Busfahrt

Im Bus sitzen nur zwei Personen. Der Bus hält an der ersten Station. Vier
Leute steigen ein, aber niemand verlässt den Bus. An der zweiten Haltestelle
kommen einundzwanzig dazu, dreizehn steigen aus. Am Odeonplatz verlässt
niemand den Bus, aber dreizehn Leute steigen ein. An der Universität
strömen dann achtzehn hinaus, niemand steigt ein. An der Endhaltestelle
verlassen schließlich die letzten Passagiere den Bus.

Wie oft hat der Bus gehalten? _______-mal

Lesestrategien

③ Lies den Text. Ergänze die Tabelle.

Wer ist wer?

Nach den Ferien besuchen drei neue Kinder die Klasse.
Sie kommen aus verschiedenen Ländern und haben
an unterschiedlichen Tagen Geburtstag.
Wie heißen die drei, aus welchen Städten kommen sie
und wann ist ihr Geburtstag?

Sema kommt nicht aus Hamburg.
Der Junge, der am 27. März Geburtstag hat,
kommt aus Verona.
Hannah hat am 5. Oktober Geburtstag.
Antonio hat im Frühling Geburtstag, zwei Tage nach
einem neuen Mädchen.
Das Mädchen aus Aleppo hat nicht im Herbst Geburtstag.

Name	Stadt	Geburtstag

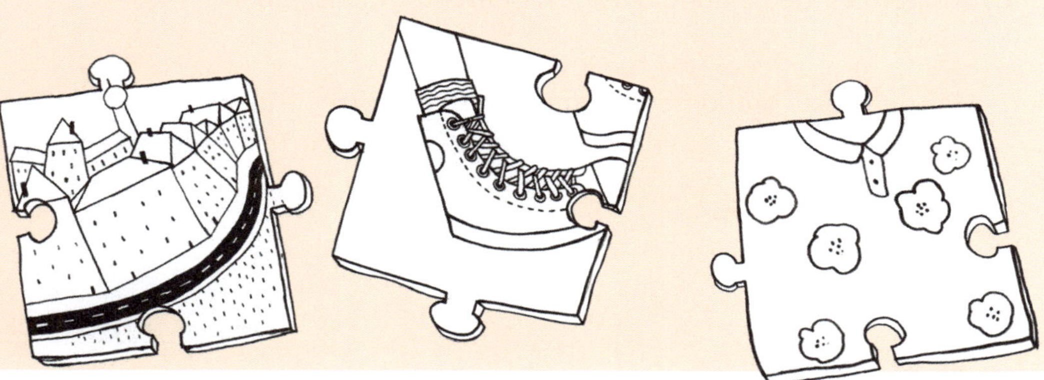

Texte besser verstehen: unbekannte Wörter klären

- Suche im Text nach einer Erklärung.
- Schlage in einem Lexikon nach.
- Schau dir das Bild an.
- Frage andere Kinder oder Erwachsene.

Der Natur abgeguckt

Viele Erfindungen, die wir täglich nutzen, sind der Natur abgeschaut. Tiere und Pflanzen besitzen oft Eigenschaften, die uns zum Staunen bringen. Forscher versuchen, solche Vorbilder zu nutzen. Diese Wissenschaft nennt man Bionik.

5 Das Wort ist zusammengesetzt aus Biologie (= die Lehre vom Leben) und Technik. So entstehen nach dem Vorbild der Natur künstliche Dinge, die uns das Leben erleichtern. Zum Beispiel der Klettverschluss. Wenn der Schweizer Ingenieur Georges de Mestral mit seinen Hunden spazieren

10 ging, blieben immer wieder Früchte der Großen Klette im Fell der Hunde hängen. Unter dem Mikroskop entdeckte der Ingenieur, dass diese Früchte winzige Häkchen tragen, die auch beim gewaltsamen Entfernen der Früchte aus Haaren oder Kleidern nicht abbrechen. Da kam ihm

15 die Idee für den Klettverschluss.

Ein anderes Beispiel sind Schwimmflossen, die von den Schwimmfüßen der Enten und Gänse abgeguckt sind. Viele Innovationen würde es ohne diese Wissenschaft nicht geben.

---

① Lies den Text. Markiere die unbekannten Wörter. Aus welchen Wörtern setzt sich „Bionik" zusammen? Suche die Erklärung im Text und schreibe sie auf.

____

_______________________________ (Zeile _____________)

   Lesestrategien

(2) Lies den Text und lies die Lexikonartikel.
Welche Wörter aus dem Text werden hier erklärt?

Pflanze, wächst an Wegrändern, auf Feldern oder Äckern.

Die Blüten sind kugelförmig und rot bis lilafarben.

An den Früchten befinden sich kleine Häkchen.

Sie bleiben im Fell von Tieren hängen, die vorbeistreifen.

Auf diese Weise verbreiten sich die Samen.

_________________________ (Zeile _________)

Vergrößerungsgerät, macht mit Hilfe von Glaslinsen Dinge sichtbar, die so

klein sind, dass das menschliche Auge sie normalerweise nicht sehen kann.

_________________________ (Zeile _________)

Technischer Beruf

_________________________ (Zeile _________)

(3) Lies den Text. Am Ende steht ein Fremdwort. Markiere es. Wie kannst du
herausfinden, was es bedeutet? Schreibe zwei Möglichkeiten auf.

____

____

____

____

Das Wort bedeutet:

____

Texte besser verstehen: W-Fragen zu Texten stellen

- Stelle W-Fragen an den Text:
  Wer? Was? Wann? Warum? Wo? Wie?

Alles über Tracy

Mein Name ist Tracy Baker.

Ich bin 10 Jahre und 2 Monate alt.

Mein Geburtstag ist am 8. Mai. Es ist unfair, weil

der Blödmann Peter Ingham dann auch Geburtstag hat.

5 Wir haben also nur einen Kuchen für uns beide bekommen.

Und wir mussten beide das Messer halten, um den Kuchen

zusammen anzuschneiden. Das heißt, dass jeder nur einen

halben Wunsch hatte. Wünsche sind sowieso was für Babys.

Wünsche gehen nicht in Erfüllung.

10 Mein Geburtsort ist irgendein Krankenhaus irgendwo.

Ich sah niedlich aus, als ich ein kleines Baby war, aber ich

habe bestimmt viel gebrüllt.

Ich bin ______cm groß. Ich weiß es nicht. Ich habe versucht,

mich mit einem Lineal zu messen, aber es wackelt immer

15 herum, wenn ich es über meinem Kopf an die Wand halte.

Ich will nicht, dass mir die anderen Kinder helfen.

Dieses Buch ist für mich ganz allein. Niemand soll wissen,

was ich reinschreibe.

Tracy würde gerne ein richtiges Zuhause mit einer richtigen

20 *Familie haben. Aber bis dahin versucht sie, es sich*

im Kinderheim so angenehm wie möglich zu machen.

Und das ist manchmal gar nicht so einfach.

Jacqueline Wilson

Lesestrategien

1 Lies den Text. Schreibe zu den markierten Stellen W-Fragen auf.

Wer ____ ?

Wann ____ ?

Was ____ ?

2 Lies den Text von Zeile 1 bis Zeile 12. Überlege dir W-Fragen dazu und schreibe sie auf. Markiere die passenden Antworten im Text.

Wer ____ ?

Was ____ ?

Wo ____ ?

3 Lies den Text. Schreibe W-Fragen für das Ende der Geschichte auf. Markiere die Antworten im Text.

Texte besser verstehen:
einen Text in Abschnitte einteilen

- Teile den Text in Abschnitte ein.

Noahs Taube

Als die große Sintflut kam, baute Noah

ein riesiges Schiff, die Arche.

Alle Tiere der Erde versammelten sich.

Die Tiere hatten große Furcht.

5 Sie hatten gehört, Noah würde nur

die Besten von ihnen mitnehmen.

Da begann ein Wettstreit zwischen ihnen.

„Ich bin der Stärkste", brüllte der Löwe.

„Dafür bin ich der Größte", trompetete der Elefant.

10 „Unwichtig", japste der Fuchs. „Ich bin der Klügste!"

„Aber ich lege Eier", gackerte das Huhn.

„Milch ist noch wichtiger!", muhte die Kuh.

So stritten die Tiere miteinander.

Noah aber fiel auf, dass die Taube schweigsam

15 auf einem Zweig hockte.

„Warum bist du so still?", fragte Noah sie.

„Hast du denn gar nichts Besonderes an dir?"

„Doch", gurrte die Taube, „aber darum bin ich nicht besser,

oder klüger oder schöner als die anderen."

20 „Die Taube hat Recht", sagte Noah. „Hört auf zu prahlen

und zu streiten. Ich werde euch alle in die Arche aufnehmen."

Isaac Bashevis Singer

 Lesestrategien

1 Teile den Text in drei Abschnitte ein. Umrande die Abschnitte mit unterschiedlichen Farben.

2 Ordne den drei Abschnitten die Überschriften zu. Markiere sie in derselben Farbe.

Der Streit der Tiere   Zeile _____ bis _____

Angst vor der Flut   Zeile _____ bis _____

Die kluge Taube   Zeile _____ bis _____

Texte besser verstehen: einen Text in Abschnitte einteilen

Der Löwe und die Maus

Ein Löwe schlief und merkte nicht, dass um ihn herum

einige Mäuse spielten. Eine unvorsichtige Maus lief

über das schlafende Tier. Der Löwe erwachte und packte sie

mit seinen gewaltigen Tatzen, um sie zu zerreißen.

5 „Hilfe, Hilfe", rief das Mäuschen. „Ich habe dich nicht stören wollen.

Schenke mir die Freiheit, dann kann ich dir auch einmal helfen,

wenn du in Not bist."

Der Löwe musste über die ängstliche Maus lachen.

Großmütig schenkte er ihr das Leben und dachte bei sich,

10 wie ein so kleines Tier einem starken Löwen wohl helfen könne.

Etwas später hörte die Maus in ihrem Mauseloch

den Löwen laut brüllen. Neugierig lief sie zu ihm und sah,

dass er in eine Falle geraten war. Er hatte sich

in einem Netz verfangen und konnte sich nicht befreien.

15 Der Löwe brüllte laut, da er wusste, dass er verloren war.

„Hab keine Angst", sprach die Maus. „Ich helfe dir."

Fleißig zernagte sie einige Knoten, bis sich der Löwe befreien konnte.

So vergalt die Maus die ihr erwiesene Großmut.

nach Äsop

Lesestrategien

1 Lies den Text. Teile ihn in Abschnitte ein.
Wie viele Abschnitte findest du? Diese Fragen helfen dir:
Was passierte zuerst?
Was passierte dann?
Was passierte später?
Umrande die Abschnitte mit unterschiedlichen Farben.

2 Lies den Text. Teile ihn in Abschnitte ein.
Schreibe für jeden Abschnitt eine Überschrift auf.

Zeile __1__ bis ______: ____________________

Texte besser verstehen: wichtige Wörter markieren

• Finde die wichtigen Schlüsselwörter in jedem Abschnitt.

Eine Sommerüberraschung

An einem heißen Sommertag gehen Ulrike und Ulli
mit ihren Eltern ins Schwimmbad.
Vater, Ulrike und Ulli gehen ins Wasser.
„Brr, ist das kalt!", ruft Ulli. Sie spielen und planschen.
5 Als sie aus dem Wasser kommen, spritzen sie Mutter nass.

Dann spielen sie zusammen Fangen.
Der Nachmittag ist schnell vorbei.
„Gut abtrocknen", sagt Vater, „sonst erkältet ihr euch."
„Die Haare können wir doch von der Sonne trocknen lassen!",
10 ruft Ulli.
„Nein, die Haare werden abgetrocknet.
Und die nassen Badehosen ausziehen!", bestimmt Mutter.

Auf dem Heimweg fängt es plötzlich an zu regnen. Es regnet so heftig,
dass alle Kleider ganz nass werden. Endlich sind alle zu Hause
15 angekommen. Ihre Haare tropfen vor Nässe. Ulrike lacht und sagt:
„Da hätten wir ja gleich die nassen Sachen anbehalten können."
„Und die Haare hätten wir auch nicht abzutrocknen brauchen",
sagt Ulli. Er schüttelt lachend seinen Kopf, dass die Wassertropfen
durch die Wohnung spritzen.

KNISTER und Paul Maar

   Lesestrategien

1. Lies den ersten Abschnitt. Schreibe die markierten wichtigen Wörter in die Kärtchen.

2. Lies den zweiten Abschnitt. Entscheide: Welche der markierten Wörter sind wichtig und welche der markierten Wörter sind unwichtig? Schreibe nur die wichtigen Wörter in die Kästchen.

3. Lies den Text. Suche die wichtigen Wörter im letzten Abschnitt und schreibe sie in die Kästchen. Erzähle die ganze Geschichte mit Hilfe deines „roten Fadens".

Texte besser verstehen: wichtige Wörter markieren

Die Waldameise, eine ausgezeichnete Baumeisterin

Bestimmt habt ihr auf einer Waldlichtung schon einmal
einen Ameisenhügel gesehen: einen Haufen aus Tannennadeln,
feinen Ästchen und Erdkrümeln, der in seiner Form
der Kuppel einer Kirche ähnelt. Hunderte flinker
5 kleiner Ameisen wuseln scheinbar ziellos über ihn hinweg.
Der Bau kann bis zu 1,5 m hoch werden und reicht oft
bis 2 m tief in die Erde hinein.

Ameisen besitzen einen Panzer aus Chitin, einem sehr
harten Stoff. Sie haben sechs Beine und ihr Leib ist
10 in drei Teile gegliedert: Kopf, Brust und Hinterleib.
Am Kopf haben sie außer den zwei Fühlern auch noch
kräftige Beißwerkzeuge.

Es gibt bei Ameisen nur eine Königin, die Eier legt.
Arbeiterinnen füttern den Nachwuchs, machen Beute
15 und kümmern sich um den Bau. Sie kennen anscheinend
keine Pausen, deshalb gelten sie als besonders fleißig.
Außerdem sind Ameisen sehr stark. Sie können ein Vielfaches
ihres eigenen Körpergewichtes tragen.
Waldameisen sind für den Wald besonders nützlich,
20 da sie Schädlinge beseitigen und den Boden belüften.
Sie stehen deshalb auch unter strengem Naturschutz.

 Lesestrategien

1 Lies den Text. Beschreibe den Ameisenhügel mit den wichtigen Wörtern,
die im ersten Abschnitt markiert sind.

Der Ameisenhügel

2 Lies den Text. Schreibe in die Kärtchen die wichtigen Wörter,
mit denen du das Aussehen einer Ameise gut beschreiben kannst.

3 Lies den Text. Markiere die wichtigen Schlüsselwörter.

Textarten erkennen: Märchen

Märchen sind Erzählungen, die oft schon sehr alt sind.
Früher hat man sie mündlich weitererzählt.

- Oft beginnen Märchen mit Es war einmal …
  und enden mit … und wenn sie nicht gestorben sind.

- Häufig gibt es darin Sprüche.

- In Märchen gibt es oft Zauberwesen, Riesen und Zwerge
  und sprechende Tiere oder besondere Gegenstände.

- Durch Wünschen oder Zaubern passieren oft
  unmögliche Dinge oder Verwandlungen.

- Oft spielen die Zahlen 3, 7 oder 13 eine wichtige Rolle.

- Die Helden oder Heldinnen in Märchen müssen oft
  Aufgaben lösen oder Prüfungen bestehen.

- Oft gehen die Märchen gut aus.

Schneewittchen

Dornröschen

 **1** Betrachte die Bilder. Schreibe die Märchenfiguren, die Märchenzahlen und die besonderen Gegenstände auf.

Figuren:

Zahlen:

Gegenstände:

 **2** Lies die Texte. Markiere alle Märchenfiguren, alle Märchenzahlen und alle besonderen Gegenstände, die darin vorkommen.

„Spieglein, Spieglein an der Wand, wer ist die Schönste im ganzen Land?" Schneewittchen hinter den sieben Bergen bei den sieben Zwergen war die Allerschönste.

12 Feen waren eingeladen, aber die 13. Fee nicht! Deswegen stach sich Dornröschen an einer verzauberten Spindel und fiel in tiefen Schlaf. Der Prinz musste eine dichte Rosenhecke überwinden.

Es war einmal ein Vater, der hatte drei Söhne. Die zogen in die Welt. Einer bekam einen Tisch, der sich selbst mit Speisen deckte, der andere einen Goldesel und der nächste einen Knüppel-aus-dem-Sack.

3 Lies die Texte. Welche Märchen-Hinweise entdeckst du in den Ausschnitten? Kreuze sie auf Seite 24 an.

Textarten erkennen: Berichte

Berichte informieren über etwas, das **passiert** ist,
oder über etwas, dass jemand **erlebt** hat.
- Berichte geben immer Antworten auf W-Fragen:
  Wer? Wo? Was? Wann? Wie? Warum?
- Berichte stehen in Zeitungen und Zeitschriften.

1 Welcher Textausschnitt gehört zu einem Bericht?
Kreuze an.

Lucas hat sich das Gesicht
abgewischt und gesagt: „Igitt!"
Sophie musste so lachen, dass
sie ihr Asthmaspray brauchte.

Gestern Abend kam es
in Wilmersdorf zu einem
Verkehrsunfall. Ein Autofahrer
hatte beim Abbiegen einen
Radfahrer übersehen.

Nachdem wir uns mit Broten und Saft gestärkt hatten,
gingen wir mit unserem Zooführer zu den Löwen.
Das Männchen hatte eine wuschelige Mähne.

Der Apfelbaum, das ist ein Mann!
Keine andrer gibt so gern wie der.
Im Winter, wenn man schüttelt dran.
Da gibt er Schnee die Fülle her.

   Textgattungen

2 Lies den Bericht. Unterstreiche darin die Antworten auf die W-Fragen farbig:
Wann? Was? Wo? Wer? Wie? Warum?

Gelungener Start der „Solar Impulse"

Freitag, der 13. Mai war im Jahr 2011 kein Unglückstag. Im Gegenteil:
Das Solarflugzeug „Solar Impulse", das nur durch Sonnenenergie
angetrieben wird, startete ohne Probleme in Payerne in der Schweiz.
13 Stunden später landete Pilot André Borschberg das Flugzeug sicher
in der belgischen Hauptstadt Brüssel. Das war der erste Flug eines Solar-
flugzeuges durch mehrere Länder. Auf den Flügeln sind 12 000 Solarzellen
angebracht, die die Energie für vier Elektromotoren liefern. Das Flugzeug
erreicht nur eine Geschwindigkeit von etwa 70 Stundenkilometern.

Die Entwickler des Flugzeuges hoffen, dass Flugzeuge
irgendwann umweltfreundlich nur mit der Kraft der Sonne
Fluggäste transportieren können.

3 Märchen oder Bericht? Setze ein.

_________________________ wurden früher nur mündlich erzählt.

Im _________________________ ist nichts ausgedacht.

Sprechende Gegenstände kommen nur in _________________________ vor.

_________________________ informieren sachlich.

Meistens haben _________________________ ein gutes Ende.

Textarten erkennen: Pläne

Dabeisein ist alles

Nora und ihre Familie fahren zu den Special Olympics!

Dort ist sie als Gleit-Sportlerin angemeldet. Ihr Bruder studiert den Zeitplan.

ZEIT	SCHNEESCHUH	SKI-ALPIN	SKI-LANGLAUF
10–11	10.00–10.15 4 x 100 m Staffel 1. Lauf 10.30–10.45 4 x 100 m Staffel 2. Lauf	10.30–11.30 Riesenslalom Anfänger	10.00–11.00 1 000 m Einzellauf
11–12	11.00–11.30 Siegerehrungen Staffel	11.30–13.30 Riesenslalom Fortgeschrittene	11.30–12.00 50 m Gleiten anschließend bis 12.30 Siegerehrungen Einzellauf und Gleiten
12–14	Mittagessen (die Wettbewerbe laufen weiter)		
13–14			13.00–14.00 2 500 m Einzellauf
14–15		14.00–15.30 Ski Cross bis 16.00 Siegerehrungen Riesenslalom und Ski Cross	14.30–15.00 Siegerehrung 2 500 m Einzellauf
16	FEIER AUF DEM MARKTPLATZ		

Textgattungen

1 In welcher Sportart tritt Nora zum Gleiten an? Kreuze an.

☐ SCHNEESCHUH ☐ SKI-ALPIN ☐ SKI-LANGLAUF

2 In welchem Zeitraum findet Noras Rennen statt?

Das Rennen findet statt von _____________ bis _____________ Uhr.

3 Noras Freund Franz startet beim Riesenslalom für Fortgeschrittene.
Was könnte Nora mit ihm gemeinsam tun? Kreuze an.

☐ beim Ski Cross zuschauen

☐ Franz zu ihrem Wettkampf mitnehmen

☐ den kurzen Einzellauf verfolgen

☐ zum Staffellauf gehen

☐ um 12 Uhr Mittagessen

Eid der Special Olympics:

Lasst mich gewinnen! Doch wenn ich nicht gewinnen kann, lasst mich mutig mein Bestes geben!

4 Noras Bruder stellt einen Zeitplan für Nora auf.
Ergänze in den Spalten die fehlenden Zeiten und Ereignisse.

	1. und 2. Staffellauf
11.30–12.00	
	Siegerehrung
	Mittagessen
14–15.30	
ab 16 Uhr	

...sverzeichnis

Textgattungen